NAPOLEÓN BONAPARTE

El emperador de los franceses

Por Hadrien Nafilyan
Traducido por Marina Martín Serra

NAPOLEÓN BONAPARTE

- **¿Nacimiento?** El 15 de agosto de 1769 en Ajaccio (Córcega).
- **¿Muerte?** El 5 de mayo de 1821 en la isla Santa Elena (isla británica en el Atlántico Sur).
- **¿Principales aportaciones?** Sienta las bases del mundo contemporáneo, con su intento de realizar una síntesis entre el Antiguo Régimen y los logros fundamentales de la Revolución francesa (1789).

¿SABÍAS QUE...?

Normalmente reservamos la denominación simple de Napoleón a la época del Imperio, es decir, a partir de 1804. Antes de esta fecha, se le suele llamar por su apellido, Bonaparte.

Entre el inicio y el fin de la vida de Napoleón Bonaparte hay similitudes: nace en una isla bajo el reino de un Borbón, y muere en otra isla bajo la autoridad de otro Borbón. Sin embargo, entre estos dos periodos, Napoleón habrá cambiado la faz de Europa, casi del mundo, tras un ascenso meteórico que, en diez años, le conduce a dominar todo un continente militar, política y administrativamente.

General de la Revolución con 26 años, jefe del Gobierno con 30 años, emperador con 35 años: este destino, extraordinario para un hombre originario de un entorno modesto, se puede explicar claramente por sus cualidades excepcionales pero, igualmente, por el contexto nacional e internacional de su época. A principios de los años 1800 aparece como el salvador de la Revolución y, para garantizarla contra sus enemigos tanto interiores —monárquicos feroces y republicanos intransigentes— como exteriores —Austria, Rusia, Prusia y, en especial, Inglaterra—, no tiene más remedio que aumentar su poder, apoyado por la mayoría de los franceses.

Avanzar siempre para no caer, consiste en encadenar las grandes decisiones destinadas a contentar a los monárquicos —instaurando el Concordato y acordando la amnistía a los emigrados— y a satisfacer a los republicanos —preservando los logros de la Revolución, ya sean civiles, como la igualdad, o territoriales, como Bélgica. Asimismo, consiste en eliminar cualquier tipo de oposición: por una parte, ejecutando al duque de Enghien y, por otra, suprimiendo el poder de las asambleas. Finalmente, consiste también en librar guerras con un coste económico, financiero y humano cada vez mayor.

En definitiva, Napoleón se dedica infatigablemente a establecer y a preservar la paz, tanto en el exterior como en el interior de sus fronteras. Antes de nada, encuentra su razón de ser en la paz. Los franceses le están agradecidos por haber puesto punto final a diez años de anarquía y de divisiones fratricidas, y los tratados de paz europeos que firmará siempre serán bien recibidos por la opinión pública. La paz también le permite construir y reformar al país, sobre todo estableciendo las «masas de granito», las instituciones civiles en las que todavía se basa la Francia actual. Napoleón es tanto administrador como conquistador.

A diferencia de un monarca proveniente de una dinastía establecida, o de un presidente cuyo ejercicio está supervisado por instituciones, Napoleón nunca tuvo otra legitimidad que la que supo crear y que, a pesar de todos sus esfuerzos para arraigarla en la historia, siempre se mantendrá débil a ojos de la población francesa, y nunca la aceptarán las monarquías europeas, que no dejarán de combatir contra él hasta su caída final.

LA VIDA DE NAPOLEÓN BONAPARTE

UNA JUVENTUD CORSA

Napoleón Bonaparte nace el 15 de agosto de 1769 en Ajaccio, en una Córcega recién anexionada por Francia (1768), en el seno de una familia de la pequeña nobleza, acomodada sin llegar a ser rica. Su padre, afiliado al partido francés, es abogado en el Consejo Superior de Córcega, y luego diputado de la nobleza en 1777. Napoleón llega por primera vez al continente en 1778 para seguir allí su formación militar, primero en la Escuela Real de Brienne, después en la Escuela Militar de París, de la que sale artillero en 1785. Durante sus estudios es un buen alumno, pero tiene un carácter melancólico y solitario.

LA FAMILIA DE NAPOLEÓN

De los catorce hijos del matrimonio formado por Carlos Bonaparte (1746-1785) y Letizia Ramolino (1750-1836), sobrevivirán ocho. José (1767-1844), futuro rey de Nápoles y de España, es el mayor; Napoleón es el segundo, y luego vienen Luciano (1775-1840), Elisa (1777-1820), gran duquesa de Toscana, Luis (1778-1846), futuro rey de Holanda, Paulina (1780-1825), Carolina (1782-1839), reina de Nápoles y esposa de Joaquín Murat (1767-1815), y finalmente Jerónimo (1784-1860), futuro rey de Westfalia. Una familia a veces poco dócil y fastidiosa para Napoleón, pero que utiliza para asentar su poder, colocándolos en los tronos de las monarquías

De 1785 a 1793, la vida de Napoleón, a pesar de ser un oficial francés, gira completamente entorno a Córcega, donde ve su futuro. En ese momento es antifrancés y se alista con Pascal Paoli (1725-1807), jefe de filas del partido de los patriotas hostiles frente a la ocupación francesa, con el que romperá en 1793, ya que Paoli sería demasiado contrarrevolucionario para su gusto. De 1789 a 1793, entre idas y vueltas, se queda lo que equivale a tres años en Córcega, y se pierde así la Revolución que transcurre en ese momento en la capital.

¿SABÍAS QUE...?

Bonaparte primero quería ser escritor. Intentó redactar una *Historia de Córcega* durante su juventud, así como dos o tres obras de ficción, entre las que se encuentra *Clisson y Eugenia*. Conservará ese gusto por la escritura toda su vida.

EL ASCENSO

Logra recuperar su retraso con la historia nacional cuando, obligado a huir de Córcega con su familia, vuelve a formar parte de los ejércitos revolucionarios, tanto por razones financieras como ideológicas. Entonces, destaca en el sitio de Tolón, recuperado de manos de los ingleses en diciembre de 1793, pero lo que dará un vuelco a su carrera será su represión de la insurrección monárquica en París en octubre de

1975 (vendimiario del año IV). El general Vendimiario, como se le apoda, frecuenta en ese momento la alta sociedad, donde conoce a Josefina (1763-1814), viuda de Alejandro de Beauharnais (1760-1794), con la que se casa en marzo de 1796, a la edad de 27 años.

Grabado de Gabriel Berthault que representa el ataque de la Convención Nacional el 13 de vendimiario del año IV.

se casa con Alejandro de Beauharnais en 1779, con el que tiene dos hijos: Eugenio (1781-1824) y Hortensia (1783-1837), que se convertirá en la esposa de Luis Bonaparte en 1802 y será la madre de Luis Napoleón, futuro Napoleón III (1808-1873). Aunque Josefina lo engaña de manera notoria al principio de su relación, Bonaparte le hará compartir su destino hasta 1809, fecha en la que la repudiará, ya que esta no puede darle un heredero. Hasta el final, conservará afecto por esta mujer que, con sus contactos y sus talentos mundanos, contribuirá de forma significativa a su ascenso.

Las victorias de la primera campaña de Italia, en 1796-1797, contra Austria y la paz de Campoformio que resulta de ella desempeñan un papel de vital importancia en la gloria del joven Bonaparte, que es elegido miembro del Instituto el 25 de diciembre de 1796. Inquieto por su prestigio, el Directorio lo manda a Egipto (1798-1799) con el objetivo de cortar la ruta de las Indias a los ingleses. La campaña se salda con un fracaso pero, paradójicamente, Bonaparte sale reforzado: nos quedamos con el exotismo y los resultados científicos fructíferos de su viaje. A su vuelta, la gran inestabilidad política de París le brinda la ocasión de hacerse con el poder.

EL APOGEO

El golpe de Estado del 18 de brumario del año VIII (9 de noviembre de 1799) marca el inicio de la epopeya napoleónica. El general es nombrado primer cónsul en 1800 y después cónsul vitalicio en 1802. Finalmente, el 2 de diciembre de

1804 es nombrado emperador. Su poder no conoce límites hasta 1808: vence a las distintas coaliciones formadas contra él, sobre todo por Inglaterra, Austria, Rusia y Prusia, y anexiona poco a poco una gran parte de Europa. Deseando acabar con Inglaterra, en 1806 decreta el Bloqueo Continental, sistema crucial en su lucha contra la isla.

Napoleón, a su vez, es un gran reformador. Además de las «masas de granito», en 1801 instaura el Concordato, que restablece las relaciones entre Francia y el papado y proclama la libertad de culto. Durante sus años en el poder, logra la recuperación de la situación financiera y económica del país estableciendo una moneda estable, el franco germinal.

Sin embargo, muchos piensan que va demasiado lejos cuando en 1808 crea la nobleza imperial, se casa en 1810 con María Luisa de Austria (1791-1847), sobrina nieta de María Antonieta (1755-1793), con la que tendrá un heredero, el rey de Roma, y hace prisionero al papa Pío VII (1742-1823) de 1809 a 1812 para obligarlo a que cierre los Estados Pontificios al comercio inglés.

LA CAÍDA

A partir de 1808, el destino del Imperio se tambalea: primero, se produce el estancamiento de la situación militar en España, que Napoleón ocupa para bloquear a los ingleses que intentan romper el bloqueo, y después la reanudación de la guerra contra los coaliados, que termina en 1812 con la desastrosa campaña de Rusia. Poco a poco, los aliados recuperan los territorios conquistados por Francia, hasta que, en marzo de 1814, se encuentran a las puertas de París. Tras haberse despedido de su Vieja Guardia, Napoleón abdica el 6 de abril de 1814 en Fontainebleau. Pocos días después intenta envenenarse.

Es condenado al exilio en la isla de Elba (isla italiana en el mar Tirreno), en la que se le autoriza a reinar bajo su título de emperador, pero de la que se escapa el 26 de febrero de 1815 para recuperar el poder en París, aprovechándose del descontento provocado por el retorno al trono de Luis XVIII (1755-1824). Así, se abre el período de los Cien Días, en el que Napoleón reúne a su alrededor las últimas fuerzas del país, y que termina con una segunda abdicación el 22 de junio, cuatro días después de la derrota en Waterloo frente a la coalición.

Napoleón I dejando la isla de Elba, el 26 de febrero de 1815, cuadro de Joseph Beaume, 1836.

Durante un tiempo planea refugiarse en América pero,

rechazando huir, se entrega a los ingleses, que lo deportan a la isla de Santa Elena donde, tras seis años de cautiverio, muere en 1821. Habrá que esperar al año 1840 para que Luis Felipe haga repatriar su cuerpo a Francia durante una gran ceremonia, en la que es enterrado en el Palacio de los Inválidos, donde todavía descansa.

LA MUERTE DE NAPOLEÓN

Los médicos que practicaron la autopsia al cuerpo de Napoleón durante los días que sucedieron a su muerte atribuyeron la causa de ésta a un cáncer de estómago. Los investigadores modernos, después de haber analizado varias actas de autopsia, se decantan sobre todo por la hipótesis del empeoramiento de una úlcera gástrica. En cambio, la mayoría de historiadores descartan la tesis del envenenamiento con arsénico, que se ha sugerido en algunas ocasiones.

CONTEXTO

LA CUESTIÓN CORSA

En 1768 la República de Génova vende Córcega a Francia. Esta república dominaba la isla desde el siglo XIV, pero ahora es incapaz de reprimir las revueltas de los nacionalistas corsos, dirigidos por Pascal Paoli. Los patriotas resultan vencidos definitivamente por las tropas francesas dos meses antes del nacimiento de Bonaparte. Entonces, Córcega se divide en dos facciones rivales: los partidarios de la anexión por parte de Francia, entre los que se encuentra Carlos Bonaparte, y los paolistas independentistas, a los que Napoleón se acercará. Estos últimos, en el momento del Terror Revolucionario (1792-1794), se dividen entre los partidarios de Inglaterra y los partidarios de la Convención. Paoli es favorable a los primeros, mientras que Napoleón forma parte de los segundos: de aquí se explica su ruptura y la huida de la familia Bonaparte hacia el continente, ya que Paoli confía Córcega a los ingleses hasta su reconquista por parte del ejército de Italia en abril de 1796.

LA PRIMERA COALICIÓN (1792-1797)

En un primer momento, los principios y aspiraciones de la Revolución son moderados, pero a partir de 1792 su ritmo se acelera: en ese momento, Francia se muestra agresiva contra las monarquías vecinas. La abolición de la monarquía constitucional en septiembre de 1792, la decapitación de Luis XVI el 21 de enero de 1793 y los deseos expansionistas de los revolucionarios envenenan la situación de forma considerable, hasta que se forma la primera coalición, integrada entre otros por Austria, el Reino de Piamonte-Cerdeña y Gran Bretaña. Frente a esta amenaza, la Revolución moviliza todas las fuerzas vivas de la nación. En este contexto, Bonaparte llega al continente y echa a los ingleses de Tolón, después emprende su primera campaña de Italia contra Austria, y firma el tratado de Campoformio que pone punto final a la primera coalición el 18 de octubre de 1797.

LAS POTENCIAS EUROPEAS A FINALES DEL SIGLO XVIII

En la Europa de finales del siglo XVIII, además de Francia, destacan cinco grandes entidades estáticas, empezando por los territorios dominados por la casa de Austria, representada en esa época por Francisco II (1768-1835). Se trata del Sacro Imperio Romano Germánico, que reúne a muchos estados pequeños que se corresponden *grosso modo* con la actual Alemania, el reino de Bohemia (actual República Checa), Bélgica, el norte de Italia y el reino de Hungría. Las otras grandes potencias son Gran Bretaña, Rusia —en la que reina Pablo I (1754-1801) y después Alejandro I (1777-1825)—, España y Prusia, que inicialmente está integrada al Sacro Imperio pero que las conquistas de Federico II (1712-1786) extienden a Polonia y a la actual Lituania.

A estas cinco grandes entidades, hay que sumar todavía las Provincias Unidas, que coinciden parcialmente con los actuales Países Bajos; el Reino de las Dos Sicilias, dominado por los Borbones, que comprende el sur de

Italia y Sicilia; los Estados Pontificios de Italia central; el reino de Cerdeña, que incluye la isla y el Piamonte italiano; y finalmente, Portugal y Suiza.

LA PRIMERA REPÚBLICA (1792-1799)

Bonaparte da sus primeros pasos bajo el régimen del Terror, un episodio de la Revolución en el que la Convención, dominada por los jacobinos (republicanos extremistas), multiplica las masacres en masa y las decisiones arbitrarias. Este agitado período se acaba el 28 de julio de 1794 con la ejecución del sector más radical de los jacobinos, entre los que se encuentran Maximilien de Robespierre (1758-1794) y su hermano Agustín (1763-1794), amigo de Bonaparte. Tras un intento de evolución de la Convención, esta se suprime y una nueva constitución instaura el Directorio el 26 de octubre de 1795. De los cinco directores nombrados entonces, el más importante es Paul Barras (1755-1829), que recurre a Napoleón en octubre de 1795 para que le ayude a reprimir la insurrección monárquica de París. Entonces, el joven general frecuenta las esferas del poder.

El golpe de Estado del 18 brumario del año VIII

Sin embargo, esta forma de gobierno demuestra rápidamente sus puntos débiles y su incapacidad para defenderse de los enemigos internos —principalmente los monárquicos— y externos. Apenas se disuelve la primera coalición, ya se pone en marcha una segunda a finales del año 1798, frente a la que el Directorio multiplica los golpes. Entonces uno de los últimos directores, Emmanuel Sieyès (1748-1836), considera que es urgente proclamar una nueva constitución que establezca un gobierno más sólido. Para ayudarle en su empresa, necesita la colaboración de un militar y elige a Bonaparte, que acaba de volver de Egipto. Pero el general desvía en su beneficio el golpe de Estado, que se lleva a cabo el 18 de brumario del año VIII (9 de noviembre de 1799): los dos cónsules restantes, Jean-Jacques de Cambacérès (1753-1824) y Charles-François Lebrun (1739-1824) se someten a él.

El general Bonaparte en el Consejo de los Quinientos, en Saint-Cloud, el 10 de noviembre de 1799, pintura de François Bouchot, 1840.

LA SITUACIÓN EN 1800

Cuando Bonaparte toma el mando del Consulado instaurado por la Constitución del año VIII, Francia está agotada por diez años de revolución y de guerras civiles y extranjeras, hasta el punto en que nadie se opone a su acto de fuerza, que transcurre sin violencia. Al contrario, el retorno de la autoridad se ve con buenos ojos, como la única forma de restablecer el orden en el territorio, de luchar contra el bandolerismo y de llevar a cabo una guerra eficaz contra las coaliciones. Además, la situación financiera es pésima y la economía está en crisis. El Directorio pone en marcha una serie de reformas, cuyos resultados serán notables en el Consulado y darán sus frutos a Bonaparte.

Cabe destacar que el futuro de la Revolución está en juego: los monárquicos amenazan con derrocar a la república, que se ha debilitado. La élite política, que todavía procede sobre todo de las asambleas revolucionarias y cuya mayoría votó a favor de la muerte de Luis XVI, teme las represalias que podría provocar el retorno de la monarquía. La burguesía revolucionaria teme que se cuestionen la igualdad, la libertad o incluso la supresión de las corporaciones. En cuanto a los beneficiarios, procedentes sobre todo de la agricultura, de la venta de bienes nacionales, es decir, de las posesiones de la Iglesia y de los aristócratas confiscadas por la Revolución, les preocupa tener que devolverlos a sus propietarios iniciales. Así pues, la mayoría de los franceses esperan la confirmación de los logros fundamentales de la Revolución y el establecimiento de un gobierno fuerte, que sea capaz de protegerlos.

FRANCIA SOLA CONTRA TODAS

Los distintos Estados que se encuentran bajo el dominio imperial francés no tienen el mismo estatus: hay que distinguir a los países dependientes, pero que conservan una cierta autonomía, de los territorios anexionados que se han convertido en departamentos franceses por completo. Este último es el caso de Bélgica y de todos los Estados que se encuentran en la riba izquierda del Rin. Estos nuevos departamentos, conquistados por la Convención desde 1792, se convierten en inalienables con la Constitución del año VIII, que establece que la República es una sola e indivisible, y Napoleón se compromete a conservar intacta la herencia territorial de la Revolución.

Sin embargo, por razones políticas y económicas, la anexión de Bélgica por parte de Francia resulta inaceptable para Inglaterra, que se niega a hablar de paz y forma una coalición tras otra. Sus aliados terrestres, vencidos en varias ocasiones, estarán preparados para ceder al poder napoleónico pero Inglaterra siempre vuelve a lanzar la ofensiva. Napoleón sabe que si no derrota a Gran Bretaña no logrará una paz estable, por lo que toda su política se centra en vencerla. Renuncia a un desembarco, que resulta imposible tras la destrucción de la flota francesa en Trafalgar el 21 de octubre de 1805, y aplica el Bloqueo Continental, con el que pretende asfixiar la economía inglesa. Precisamente con el objetivo de extender este bloqueo busca establecer tratados de alianza o conquistar los Estados de las ribas atlánticas y mediterráneas. Finalmente, también con el fin de combatir contra Inglaterra, se aventura en España y en Portugal, y se lanza a la campaña de Rusia.

En 1802, Napoleón decide enviar una expedición a Santo Domingo, en un primer momento para restablecer la autoridad de Francia, menoscabada por la revolución de los esclavos conducida por Toussaint Louverture (1743-1803) y, en un segundo tiempo, para utilizarla como base de retaguardia para la ocupación de Luisiana, de la que España hace la retrocesión a Francia en 1800. Sin embargo, la expedición de Santo Domingo se salda con un fracaso, por lo que Napoleón renuncia a la política americana y decide vender Luisiana a los Estados Unidos en 1803. Cabe remarcar que las relaciones franco-estadounidenses son frías durante todo ese período: los estadounidenses lamentan la caída de la monarquía en Francia y se ven penalizados por el Bloqueo Continental, mientras que los franceses no admiten que los Estados Unidos sigan comerciando con sus colonias sublevadas y con Inglaterra. En cuanto a Sudamérica, todos los esfuerzos de Napoleón se centrarán en que las antiguas colonias rebeldes de España no caigan a manos de Inglaterra.

LA VUELTA AL EQUILIBRIO

Con la caída de Napoleón en 1814, y *a fortiori* en 1815, parece que Europa recupera el equilibrio político que había perdido desde la Revolución francesa. Sin embargo, durante el Congreso de Viena que se termina el 9 de junio de 1815, los vencedores se reparten Europa según unas fronteras que no son exactamente como las de 1789 y que son ventajosas para Prusia, Austria y Rusia.

En Francia, el restablecimiento de la monarquía bajo una forma constitucional en favor de Luis XVIII se produce con hostilidad. La Restauración emprende primero un camino liberal pero, bajo la presión de los ultra, monárquicos partidarios de un retorno al Antiguo Régimen sin concesión, toma un rumbo cada vez más retrógrado. Sin embargo, a

Napoleón, exiliado muy lejos del país, estos acontecimientos no le conciernen. Aunque entre 1800 y 1815 creó el contexto histórico mundial en el que evolucionó, en ese momento se encuentra completamente al margen de la historia.

MOMENTOS CLAVE

EL GENERAL BONAPARTE

La primera campaña de Italia (1796-1797)

Frente a la primera coalición, el Directorio decide atacar Austria. Mientras que los generales Jourdan (1762-1833) y Moreau (1763-1813) pasan por Alemania, al general Bonaparte se le asignan los 50 000 hombres del ejército de Italia, donde llega en marzo de 1796. La campaña es un éxito rotundo, y va de victoria en victoria. El 10 de mayo de 1796 gana la batalla del puente de Lodi que le abre las puertas de Milán. Otra batalla famosa es la del puente de Arcole, que transcurre del 15 al 17 de noviembre de 1796 y durante la que Bonaparte demuestra mucha valentía al cruzar el puente encabezando a sus tropas. La campaña se termina con el tratado de Campoformio, firmado con Austria el 18 de octubre de 1797.

La batalla de Lodi, pintura de Louis-François, barón Lejeune, 1804.

Durante esta primera campaña como general de ejército Bonaparte revela las cualidades que contribuirán a su éxito militar: una autoridad impresionante ante los oficiales; la lealtad que consigue de los soldados gracias a la atención que les dedica y a su temperamento; un dominio del desarrollo de las operaciones que deja poco margen al azar; una táctica fundada en la acción ofensiva y movimientos rápidos que le permiten sorprender al enemigo. Está donde no le esperan y, para controlar el mayor espacio posible, separa a sus tropas de forma hábil —pocas veces con una distancia mayor a un día a pie— para que puedan encontrarse en caso de contacto con el enemigo, y vencerlo en bloque. Consigue esta gran movilidad porque suprime la intendencia y hace vivir a su ejército en los países que atraviesa.

Además de las victorias, el éxito de las hazañas de

Bonaparte también se debe en gran parte a la forma que tiene de saberlas valorar, en primer lugar con sus soldados. Para tal fin, crea varios periódicos, entre los que destacan *Le Courrier de l'armée d'Italie* o *Le Patriote français* en Milán, que distribuye de forma gratuita y en el que glorifica sus actos y exalta su personalidad, con un estilo que incluso a veces los convierte en legendarios: «Napoleón vuela como un relámpago y golpea como un rayo. Está en todas partes y todo lo ve». (Perarnau 2015). A menudo es el propio autor de estas páginas que, aunque se dirigen indirectamente a Francia, tienen una gran difusión en el país. Napoleón demostrará esta habilidad propagandística a lo largo de toda su carrera.

La expedición de Egipto (1798-1799)

Oficialmente, la campaña de Egipto pretende cortar la ruta de las Indias a los ingleses y, en un segundo momento, aumentar los recursos económicos de Francia. No obstante, para el Directorio también es una forma de apartar a un general cuya gloria, adquirida durante la campaña de Italia, constituye una amenaza. Sin embargo, el propio Bonaparte es quien propone la expedición, ya que la ve como la ocasión de aumentar su prestigio a través de conquistas lejanas en un Oriente fabuloso, y se ve en Constantinopla e incluso tras los pasos de Alejandro Magno (356-323 a. C.), en las Indias.

Por otra parte, igual que el príncipe macedonio, Bonaparte se rodea de los sabios más eminentes. La campaña guerrera se acompaña de una expedición científica, cuya considerable resonancia hará olvidar las derrotas militares, hasta el punto que el episodio de Egipto quedará como un éxito en la memoria nacional. En verano de 1798, funda en el

Cairo el Instituto de Egipto, cuyos miembros recopilan sus trabajos en la monumental *Descripción de Egipto*, publicada de 1809 a 1818. Durante esta expedición se descubre la piedra de Rosetta, que en 1821 le permitirá a Jean-François Champollion (1790-1832) descifrar los jeroglíficos.

LOS MIEMBROS DE LA EXPEDICIÓN DE EGIPTO

Entre los 167 sabios y artistas repartidos en 18 especialidades —el propio Bonaparte se apunta como geómetra— se encuentran matemáticos, químicos, astrónomos, naturalistas, geógrafos, ingenieros, arquitectos, dibujantes, tipógrafos, hombres de letras, un escultor e incluso un pianista. Algunos miembros son célebres, como el matemático Gaspard Monge (1746-1818), los químicos Claude Berthollet (1748-1822) y Nicolas-Jacques Conté (1755-1805) —el inventor del lápiz moderno—, el naturalista Étienne Geoffroy Saint-Hilaire (1772-1844) y los dibujantes Pierre-Joseph Redouté (1759-1840) y Vivant Denon (1747-1825). El poeta François-Auguste Parseval-Grandmaison (1759-1834) se encarga de contar las hazañas de la expedición.

La travesía del Mediterráneo transcurre sin problemas, aunque la flota inglesa, bajo las órdenes del almirante Horatio Nelson (1758-1805), pretende interceptar los navíos franceses. Por el camino, Napoleón y su ejército conquistan la isla de Malta, y el 1 de julio de 1798 la tripulación llega finalmente a la bahía de Alejandría, donde desembarca. Toman la ciudad sin dificultades. En ese momento, Egipto es una provincia otomana controlada por los mamelucos, contra los que se lleva a cabo la batalla de las Pirámides, el 21 de julio de 1798. Durante el discurso previo a esta batalla, Bonaparte habría pronunciado las famosas palabras: «Soldados, cumplid con vuestro deber; desde esos monumentos cuarenta siglos de historia os contemplan» (*National Geographic* 2012). La superioridad táctica y técnica de los franceses habría marca la diferencia, a pesar de las duras condiciones climáticas, y Bonaparte toma el Cairo, donde establece su cuartel general.

Pintura que representa la batalla de las Pirámides.

Sin embargo, la destrucción de los navíos franceses por parte de la flota inglesa en la bahía de Aboukir el 2 de agosto de 1798 ensombrece de repente la situación. El ejército francés, ahora aislado de la metrópolis, tiene que enfrentarse solo a las enfermedades, a la hostilidad de los indígenas que se levantan en el Cairo el 21 de octubre de 1798 y a la entrada en guerra de los turcos. Napoleón va al encuentro de estos últimos, los vence en Gaza, toma la ciudad de Jaffa el 7 de marzo de 1799 y luego asedia Acre, en Siria. Tras ocho ataques sin éxito, levanta el sitio en mayo de 1799. Después, tiene que volver urgentemente a Egipto para impedir un desembarco turco en Aboukir. Napoleón consigue la victoria en esta batalla, pero este gesto no basta para cambiar la opinión francesa que, en parte intoxicada por la propaganda inglesa, desprestigia las acciones de Bonaparte. Por consiguiente, decide volver cuanto antes a París para justificarse, y se marcha de Egipto en secreto el 23 de agosto de 1799 abandonando a su ejército, confiado a Jean-Baptiste Kléber (1753-1800).

La campaña de Egipto resume, por sí sola, la persona de Napoleón: primeramente, revela el alcance de las ambiciones de un hombre que no duda en compararse con Alejandro Magno, pero al que le falta dogmatismo. Esta ausencia de ideología lo conducirá a respetar las creencias y costumbres de los países que ocupa e incluso a promoverlos para ganarse a la población, hasta tal punto que durante un tiempo planea convertirse al islam. Este pragmatismo, llevado al extremo, suprime cualquier estado de ánimo. Por eso, no duda en masacrar a 3000 prisioneros turcos cuando no tiene con qué alimentarlos, y en envenenar a varias decenas de sus soldados afectados por la peste en Jaffa para no tener que cargar con ellos. Su interés, que tiende a confundir con el de Francia, pasa por delante de cualquier otra consideración; justifica el abandono del ejército de Egipto y, más tarde, el de Rusia. Finalmente, a lo largo de esta campaña, manifestará su capacidad para dirigir y administrar un Estado, cualidades que pronto aprovechará en Francia.

EL CÓNSUL

La era de las grandes reformas

Durante los cuatro años del Consulado (1799-1804), establecido con el golpe de Estado del 18 de brumario del año VIII, Napoleón lleva a cabo las grandes reformas institucionales que marcaron su reinado. Es la época de lo que el propio emperador llamará posteriormente las «masas de granito», que son el Consejo de Estado (creado en 1799), el cuerpo prefecticio (1800), el Banco de Francia (1800), los liceos (1802), la Orden de la Legión de Honor (1802), el franco germinal (1803) y, sobre todo, el Código Civil, promulgado en 1804.

El Código Civil, o Código Napoleón, que todavía hoy sigue en vigor aunque se haya reestructurado de forma parcial, es la punta de lanza de la política de Napoleón, y lo impondrá incluso en los departamentos anexionados. Sus grandes principios, en especial el régimen del patriarcado y la defensa de la propiedad privada, responden a las expectativas de la burguesía conservadora y de una parte de los campesinos. Finalmente, aporta reglas a un país preso de la anarquía desde hace diez años.

¿SABÍAS QUE...?

Napoleón Bonaparte es un trabajador incansable. Normalmente duerme entre cuatro y cinco horas por noche, aunque si está en una campaña puede estarse dos días sin dormir. Come en 15 minutos, ya que considera que las comidas son una pérdida de tiempo. Reúne a un consejo tras otro, da una directiva tras otra, se interesa por todo y desea que toda nominación y decisión sea sometida a su aprobación. Lee mucho, sobre todo los textos de los historiadores de la Antigüedad y de los filósofos de la Ilustración, que le sirven de inspiración para llevar a cabo sus reformas.

Sin embargo, esta pacificación de la sociedad no es posible mientras algunos franceses son *considerados indeseables*. Por ello, Napoleón concede la amnistía a los *émigrés* (término que se utiliza para referirse a los franceses que abandonan el país durante la Revolución), de los que muchos vuelven a Francia, y decide terminar con las vejaciones que sufren los católicos. El 15 de julio de 1801 se firma con la Santa Sede el Concordato, que reconoce que el catolicismo es la religión de la mayoría de franceses, pero que confiere libertad de culto a las otras confesiones. No obstante, para controlar mejor la Iglesia, Napoleón se reserva el derecho de nombrar a los obispos.

Bonaparte jura que nunca cuestionará los logros de la Revolución, amnistía a los enemigos y asigna compensaciones para las víctimas. Finalmente, estabiliza la situación mediante reformas que consiguen la casi unanimidad de la población. Parece que la unidad nacional va por buen camino, aunque todavía no se ha alcanzado.

Los enemigos internos

Aunque Bonaparte consigue pacificar la Vandea negociando, sigue siendo el blanco de algunos monárquicos decididos a hacerlo desaparecer. Todo el equilibrio del sistema actual depende exclusivamente de su persona: así pues, derrocarlo significa acabar con el régimen y esperar poder restablecer la monarquía. De este modo, estos monárquicos, que reciben el apoyo inesperado de los ingleses, se convierten en terroristas. El 24 de diciembre de 1800, Bonaparte escapa por poco al atentado de la calle Saint-Nicaise. Sin embargo, hace creer que se trata de un acto llevado a cabo por los jacobinos, lo que le permite librarse de los últimos agitadores de extrema izquierda.

Tres años después, se descubre una nueva conspiración. En esta ocasión, no solamente no se niega la culpa de los monárquicos, sino que además la acusación de haber estado al mando del complot se dirige, sin pruebas, a un miembro de la familia de los Borbón-Condé, el duque de Enghien (1772-1804). Este es arrestado en Alemania, donde se había refugiado, luego es sometido a un juicio sumario, condenado a muerte y finalmente ejecutado el 21 de marzo de 1804 en los fosos del castillo de Vincennes. El alcance político de este acontecimiento es claro: «La ejecución del duque de Enghien, la salva de Vincennes, es el "gran acto" que dirige al Imperio, que pone punto final a las objeciones de los republicanos»[1]. (Bainville 1933, 241). Sin embargo, este episodio también provoca la ruptura definitiva de Bonaparte con los monárquicos.

---

1. Cita traducida por 50Minutos.es

Revolucionario implacable, regicida, Joseph Fouché (1759-1820) es ministro de la Policía durante el Consulado y el Imperio. Este genio político, que ayuda a Napoleón el 18 de brumario, se muestra terriblemente eficaz, pero no se acobarda ante ninguna perversidad. Se le destituye en numerosas ocasiones acusado de preparar complots con el enemigo, pero siempre es convocado de nuevo, y vuelve a traicionar al Emperador en 1814 y en 1815. Rival de Fouché, Charles-Maurice de Talleyrand-Périgord (1754-1838), de origen aristocrático, es ministro de Relaciones Exteriores. Este consejero cercano al Emperador ejerce sus dotes de diplomático tanto para prestarle servicio como para traicionarlo, de tal forma que continuará su carrera política bajo la Restauración. Napoleón le dirá un día: «Usted no es más que un pedazo de mierda con medias de seda» (Del Pozo 2014).

La segunda campaña de Italia

Napoleón, nada más haber sido nombrado cónsul, tiene que ir a combatir en Italia, donde los franceses están en apuros frente a la segunda coalición formada desde 1798. En primer lugar, reúne a un ejército de reserva en Dijon en marzo de 1800, antes de ir a socorrer al general Masséna (1758-1817), que sufre el sitio de Génova por parte del ejército austríaco. Para llegar más rápido y sorprender al enemigo, atraviesa los Alpes, con grandes dificultades, por el puerto del Gran San Bernardo, que se creía impracticable. Aunque Génova cae, Napoleón logra alterar a los austríacos, perjudicar a su ejército, vencerlos en Montebello y luego derrotarlos de forma definitiva en la batalla de Marengo el 14 de junio de 1800.

Bonaparte atravesando los Alpes por el Gran San Bernardo, pintura de Jacques-Louis David, 1801.

Esta victoria, que sucede a la de Moreau en Hohenlinden (Alemania), termina con el tratado de Lunéville firmado con Austria en febrero de 1801, mediante el que ésta reconoce la anexión por parte de Francia de Suiza, de Bélgica y de toda la riba izquierda del Rin, además de la mayoría de sus territorios italianos. Las victorias francesas son generales y el ministro británico William Pitt (1759-1806), partidario de la guerra, es derrocado, por lo que Inglaterra decide firmar el tratado de Amiens el 25 de marzo de 1802. Este acuerdo, a pesar de ser precario, es un éxito rotundo para Bonaparte y despierta el entusiasmo de la población. Napoleón acaba de cumplir con una de las tareas más importantes que se esperaban de él.

NAPOLEÓN I, EL EMPERADOR

¿Por qué el Imperio?

Existen tres grandes motivos para el coronamiento de Napoleón y de Josefina en la catedral de Notre Dame de París, el 2 de diciembre de 1804, con la bendición del papa Pío VII. En primer lugar, la paz dura poco: como los ingleses y los franceses no respetan los compromisos adoptados en Amiens, en 1803 se reanudan las hostilidades. Bonaparte entiende que Inglaterra nunca aceptará la hegemonía francesa en el continente. Se anuncia una lucha a muerte, directamente o a través de aliados intermediarios, y para la que necesita tener libertad absoluta de movimientos. Por consiguiente, la Constitución del año XII, que instaura el Imperio, otorga un poder casi absoluto al futuro emperador.

En especial, instaura el hecho de que «la dignidad imperial es hereditaria» (Constitución del año XII, art. 3). Este aspecto es la consecuencia de las múltiples conspiraciones que se forman contra el primer cónsul. Poco a poco, Napoleón toma la consciencia de que todo lo que está construyendo depende únicamente de su vida. Establecer la herencia es afirmar su obra con la garantía de que, incluso si muriese, su sucesión estaría asegurada. Es un intento para disociar al hombre del nuevo orden de las cosas, y para disuadir de una vez por todas a sus enemigos de la idea de enfrentarse a él. Si no se instaurase el Imperio —y su consecuencia, que es la herencia— se arriesgaría a que cada atentado contra su persona pudiera hacer que se volviera a la anarquía o al Antiguo Régimen. Así, se convence a los beneficiarios de la Revolución de la necesidad de semejante disposición, aparentemente tan opuesta a los principios de 1792.

Además, Napoleón quiere creer que con su proclamación del Imperio obtendrá una mayor aceptación por parte de las cortes europeas. Las monarquías se aterrorizaron con la Revolución francesa y sus efectos, que consideran provocaciones: la ejecución de Luis XVI, la proclamación de la República y la transmisión de su ideología mediante la guerra. El Imperio tiene que hacerles entender que el tiempo de esta revolución ya ha pasado, que Napoleón ya no es su enemigo de doctrina y que ahora ya se podrá establecer la paz, entre gente del mismo mundo. Sin embargo, nunca logrará ser aceptado.

LA PROPAGANDA MEDIANTE LAS ARTES

Desde el Consulado, Napoleón descubre todo el partido que puede sacar del arte para lograr sus ambiciones. Encarga a los grandes artistas de su época obras que ilustren los grandes momentos de su reinado. Así, entre otros, Jacques-Louis David (1748-1825) pinta *Bonaparte atravesando los Alpes por el Gran San Bernardo* (1800, castillo de Malmaison), del que hace varias versiones destinadas a los diferentes lugares de poder, y *La consagración de Napoleón* (1808, Museo del Louvre); Antoine-Jean Gros (1771-1835) representa *Bonaparte visitando los apestados de Jaffa* (1804, Museo del Louvre) y *La batalla de Eylau* (1808, ídem); mientras que François Gérard (1770-1837) se especializa en los retratos, el más célebre de los cuales es *Napoleón en traje de coronación* (1805, castillo de Fontainebleau). Napoleón desarrolla también una poderosa arquitectura, inspirándose en la Antigüedad; muestra de este estilo son el Arco de Triunfo (1806-1836) y la columna Vendôme (1806-1810), ambos erigidos para conmemorar la victoria de Austerlitz (2 de diciembre de 1805).

La epopeya napoleónica

En 1805 Inglaterra forma de nuevo la tercera coalición, y Napoleón comprende que no tendrá ningún respiro hasta que no haya vencido a los ingleses. Así pues, prepara un desembarco masivo en las islas británicas, que se volverá irrealizable con la derrota de Trafalgar el 21 de octubre de 1805. Entonces, ataca a los aliados de Inglaterra con el Gran Ejército y obtiene una primera victoria sobre los austríacos en Ulm el 19 de octubre de 1805, antes de aplastar a las fuerzas austro-rusas en Austerlitz. La batalla se llama también de los Tres Emperadores, ya que Napoleón se enfrenta a Alejandro I de Rusia y a Francisco II de Austria, y es sin duda la más impoluta, y la más bonita en sentido táctico, de toda la epopeya napoleónica.

La victoria de Austerlitz debilita a Austria de forma considerable y refuerza la hegemonía de Napoleón, que reorganiza el Imperio. Cabe destacar que agrupa a los Estados alemanes en una Confederación del Rin, en detrimento de Prusia, que entonces participa en la cuarta coalición contra Francia (1806-1807). Napoleón solamente necesita tres semanas para ocupar Berlín, después de haber aplastado a las tropas prusianas en Jena el 14 de octubre de 1806. A continuación toma Polonia, donde es recibido como un liberador —ya que Rusia y Prusia se habían repartido el país en 1793— y después se lanza a perseguir a los rusos, a los que obliga a aceptar el enfrentamiento en Eylau, el 8 de febrero de 1807. Por primera vez la victoria resulta difícil y hay que esperar a la de Friedland, decisiva, cuatro meses después, para que se firme el tratado de Tilsit el 7 de julio de 1807, un tratado de alianza franco-rusa cuya cláusula principal contempla el cierre de los puertos rusos al comercio inglés: esto demuestra que, incluso en las llanuras del Este, y frente a los rusos, Napoleón siempre lucha contra Inglaterra.

Desde finales de 1806, Napoleón decreta el Bloqueo Continental, cuyos efectos empiezan a hacerse notar de forma importante en las islas británicas. Los ingleses intentan romperlo reiteradamente, por el norte o por el sur. Con este objetivo, intentan aliarse con España y Portugal, y para contrarrestar este propósito Napoleón decide tomar el control de la península ibérica en 1808. Sin embargo, el episodio español es desastroso, y marca el inicio del declive del Imperio napoleónico. Este fenómeno se explica por dos grandes factores: un pueblo ibérico profundamente católico, extremadamente hostil ante los franceses, asociado a la Revolución francesa; y un nuevo tipo de combate, la guerrilla, con el que los mariscales franceses tienen que enfrentarse, desamparados y con una rivalidad que tiene vía libre.

El cuadro titulado *Tres de mayo* (1814, Museo del Prado) del pintor Francisco de Goya (1746-1828) evoca la ejecución, el 3 de mayo de 1808, de los españoles hechos prisioneros por las tropas francesas durante la revuelta del 2 de mayo en Madrid.

Al mismo tiempo, con un ejército formado mayoritariamente por nuevos reclutas y por auxiliares extranjeros —puesto que los veteranos están en España—, Napoleón tiene que precipitarse sobre el frente del Este, contra una quinta coalición (abril-octubre de 1809) alentada por sus infortunios en la península. La campaña se termina con una victoria, durante la batalla de Wagram el 6 de julio de 1809, pero el Imperio se ha tambaleado. Napoleón termina impacientándose con el doble juego de Alejandro I y, aunque los dos imperios son aliados, decide invadir Rusia en verano de 1812 con los 450 000 hombres del Gran Ejército.

Los franceses ganan la batalla del Moskova (o batalla de Borodinó) el 7 de septiembre de 1812, pero las pérdidas son enormes y las consecuencias limitadas, ya que el ejército ruso no es destruido. Napoleón se lanza a perseguir a este último, dirigido por el general Kutúzov (1745-1813), que comete errores tácticos e incluso llega a abandonar Moscú, que los franceses ocupan el 14 de septiembre de 1812. Napoleón considera que la situación es precaria y decide que es el momento de iniciar la retirada. Sin embargo, esta será un desastre, ya que sufren la crudeza del invierno y el hostigamiento del ejército ruso, como durante el paso del Berezina en noviembre de 1812. Napoleón vuelve a París precipitadamente.

LA CAÍDA

La campaña de Rusia, que se salda con una derrota total que le cuesta la vida a 200 000 franceses y a 300 000 rusos, anima a los enemigos de Napoleón, que forman una sexta coalición (1812-1814), en esta ocasión formada incluso por Austria, aunque esta esté vinculada con Napoleón a través de su esposa María Luisa. Bonaparte, que pierde España ya en junio de 1813, sufre una derrota en Leipzig el 19 de octubre de 1813, y tiene que abandonar primero Alemania y después Holanda para finalmente retirarse a Francia. A principios de 1814, a pesar de las victorias de la campaña de Francia, Napoleón no logra frenar a sus enemigos y tiene que retirarse a Fontainebleau, donde abdica el 4 de abril de 1814.

Napoleón en Fontainebleau, el 31 de marzo de 1814, pintura de Paul Delaroche, 1840.

Paradójicamente, de 1813 a 1814, Napoleón consigue más victorias que derrotas. Sin embargo, no logra sacar los beneficios de las batallas ganadas, por muchas razones que, sobre todo, se deben a la determinación de los enemigos, de cuyos pueblos se apodera un nacionalismo todavía difuso en los años 1800, y al desánimo generalizado del ejército napoleónico, donde los oficiales ejecutan mal, a regañadientes, las órdenes del Emperador, o simplemente no las ejecutan. Incluso algunos le traicionarán, sobre todo los cuerpos auxiliares formados por extranjeros, que a veces se vuelven contra él en plena batalla. Hay que destacar, también, que estos generales son los que obligan a Napoleón a abdicar.

Entonces, el Emperador se ve obligado a exiliarse en la isla de Elba, en la que se le autorizará a reinar sin compartir su poder con nadie. Sin embargo, con 45 años, no sabría contentarse con ese reino y, engañando a los ingleses, desembarca en Francia el 1 de marzo de 1815 con mil hombres. Su prestigio es tan grande que allí por donde pasa durante el camino lo aclaman, y todos los ejércitos que habían sido enviados contra él finalmente vuelven hacia París a su lado, como el mariscal Ney (1769-1815), vinculado a los Borbones en 1814, y que había prometido a Luis XVIII que volvería con Napoleón en una jaula de hierro.

No obstante, en París, ya nada es como antes: la corte ha desaparecido, y muchos miembros del antiguo personal del Imperio se han exiliado siguiendo a Luis XVIII. Napoleón se encuentra incómodo, está apático y sombrío. Para conseguir que le acepten, promete comportarse como monarca constitucional y conservar las cámaras instituidas por la Carta de Luis XVIII, pero este obstáculo para su llegada al poder es un problema para él, sobre todo porque desearía tener la completa libertad para enfrentarse a la séptima coalición (marzo-junio 1815) que se forma rápidamente cuando regresa.

La batalla decisiva tiene lugar el 18 de junio de 1815 en Waterloo. Los ejércitos enemigos están dirigidos por el duque de Wellington (1769-1852) para los ingleses, y por Blücher (1742-1819) para los prusianos. Pocas veces una batalla ha sido más importante que esta: vencer significaba obligar a los aliados a negociar y volver a París en una posición fuerte; perder, significaba despedirse del poder recuperado casi milagrosamente tres meses antes. Una serie de errores tácticos, la subestimación del enemigo y las tropas sin experiencia son las principales causas de esta derrota final, que conduce a la segunda abdicación de Napoleón el 22 de junio de 1815.

¿SABÍAS QUE...?

Durante la batalla de Waterloo el comandante de la guardia imperial, Pierre Cambronne (1770-1842), había declarado: «¡La guardia muere, pero no se rinde!» y «*Merde!*» (En *L'Iber, Museo de los Soldaditos de Plomo*) frente a los ingleses que lo incitaban a rendirse —dos frases que siempre negó haber dicho, y que parece que fueron apócrifas.

Napoleón, que rechaza el deshonor de una huida, se entrega a los ingleses y es enviado rápidamente a Santa Elena, ya que se teme que su gloria reavive las pasiones. Incluso exiliado en la otra punta del mundo, sigue siendo una amenaza para los aliados, y debe sufrir las molestias de su carcelero inglés. Entonces empieza a confiar sus reflexiones sobre su vida a las personas cercanas a él, que lo acompañaron y que casi todas mantienen un diario, el más famoso de los cuales es Emmanuel de Las Cases (1766-1842). Sin embargo, estos terminan dejando la isla unos tras otros, y cuando Napoleón muere el 5 de mayo de 1821 se encuentra casi solo.

REPERCUSIONES

LA HERENCIA POLÍTICA

Desde antes de su muerte, Napoleón es la gran referencia del siglo XIX, con la que la gente se posiciona a favor o en contra. Origina la gran corriente de pensamiento, el bonapartismo, que domina la historia política del siglo, y cuyo alcance es tan amplio que suscita la adhesión tanto de la izquierda como de la derecha. Todo depende de lo que se retenga de los 20 años de poder de Napoleón. Para unos, prima la confirmación de los logros de la Revolución; para otros, la personalidad de este hombre que le debe a sí mismo la persona en la que se ha convertido. Otros valorizan la grandeza de Francia y su dominio en Europa. Todos se quedan con las ventajas de un poder fuerte, obtenido de una legitimidad popular. Napoleón supo operar una síntesis entre el Antiguo Régimen y la Revolución, hasta el punto de que se le está agradecido tanto de haber vuelto a tejer lazos con uno, como de haber salvado al otro.

Ser bonapartista significa estar por encima de los partidos, y en especial de los dos grandes movimientos que estructuran la vida política francesa en el siglo XIX: el monarquismo y el republicanismo. Así, se presenta Luis Napoleón Bonaparte, sobrino de Napoleón I, y futuro Napoleón III. El Segundo Imperio (1852-1870), aunque comienza con un golpe de Estado, suscita la adhesión de la mayoría de los franceses, que con él esperan recuperar una edad de oro soñada. Como su caída no es política, sino militar, el bonapartismo se mantiene fuerte tras el final del Segundo Imperio. Sin embargo, el declive político de esta corriente de pensamiento se produce a causa de la muerte del hijo de Napoleón III, en 1879, de los conflictos que genera entre sus diferentes sucesores potenciales que encabezan la familia, y de la estabilidad de la Tercera República (1870-1940), a la que se unen un gran número de bonapartistas.

No obstante, la obra administrativa e institucional de Napoleón sobrevivió más allá de las revoluciones, de los regímenes políticos y de las guerras. Las «masas de granito» existen todavía hoy en su mayoría, y el Código Civil, aunque ha sido reestructurado, sigue siendo vigente. La centralización administrativa de Francia se llevó a cabo en buena medida bajo el Imperio. Finalmente, y más globalmente, Napoleón origina la atracción francesa por lo que llamamos el «gran hombre», de quien el general de Gaulle (1890-1970) sacará provecho durante la Segunda Guerra Mundial (1939-1945), y después con la instauración de la Quinta República. Todavía hoy, los hombres políticos tienen tendencia a confrontarse con él.

LA LEYENDA NAPOLEÓNICA

Más allá de las realizaciones concretas de Napoleón y de su perpetuidad, lo que fascina al hombre desde hace dos siglos es el extraordinario destino del hombre. El propio Napoleón no es ajeno a sus repercusiones. Desde la primera campaña de Italia, orquestó su leyenda de forma hábil, realzando sus hechos de armas de relatos épicos, insistiendo en sus vínculos con los grandes hombres del pasado, Alejandro Magno, Carlomagno (742/747-814) o los monarcas franceses. Las memorias de Santa Elena, que publicará en 1823 Emmanuel de Las Cases bajo el título de *Memorial de Santa Elena*, representan el punto culminante de la construcción del mito.

¿SABÍAS QUE...?

Napoleón es el hombre de la historia universal sobre el que más se ha escrito, después de Jesucristo: «Ha inspirado más libros que días han pasado desde su muerte»[2] (Tulard 1987, 14), es decir, más de 80 000 títulos, a los que habría que añadir un millar de películas.

Sin embargo, esta puesta en escena de sí mismo habría sido imposible si no hubiera habido como fundamento una vida fuera de lo común. Partiendo de poco, alcanzando un nivel vertiginoso en la sociedad humana, se encuentra marginado del mundo de forma repentina. Sin embargo, parece que la responsabilidad de esta caída incumbe menos a los golpes de los hombres que a los giros del destino, sentimiento del que surge la figura eminentemente romántica de Napoleón. Tampoco sabremos olvidar la personalidad del hombre. Incluso en la cima del poder, demuestra siempre una austeridad cotidiana, de una gran proximidad, sobre todo con sus soldados, y un temperamento en la manera de dirigir los asuntos: todos esto contribuye significativamente a forjar su mito: un emperador que domina casi toda Europa con una levita gris y con un bicornio sin adornos.

---

2. Cita traducida por 50Minutos.es

Efectivamente, Napoleón siempre conservó la simplicidad de su entorno. Conserva el rastro de la época en la que era solamente un soldado raso, becario del rey con un fuerte acento corso. Sin duda, esta dimensión de su historia es lo que fascina más hoy en día. Encarna el *self-made-man* por excelencia, el que se liberó de su condición primera para lograr, únicamente gracias a sus cualidades, imponerse a la élite de su época. Es el responsable de su destino y, con esto, es una figura precursora del mundo moderno y todavía puede ser un modelo para una sociedad contemporánea que cada vez se muestra menos sensible ante las epopeyas y que, desde hace 40 años, multiplica las obras críticas con ellas.

LAS RECONSTITUCIONES CONTEMPORÁNEAS

El bicentenario de las batallas de Napoleón, en las que participó toda Europa y que todavía hoy desatan pasiones, es la ocasión de gigantescas reconstituciones conmemorativas. La mayor que se ha realizado en Europa, la de Waterloo, que tuvo lugar del 18 al 21 de junio de 2015, reunió a 5000 figurantes, 300 caballos, 100 cañones y más de 200 000 espectadores.

EN RESUMEN

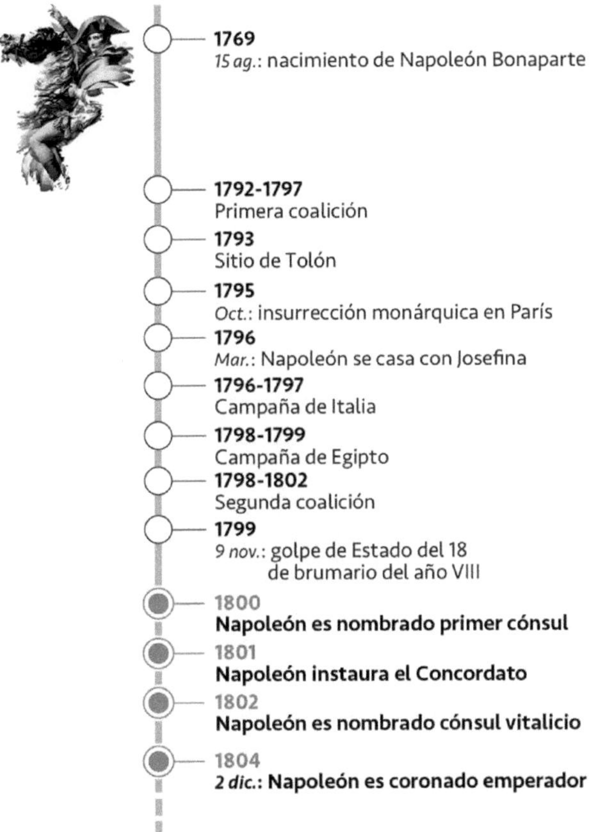

1769
15 ag.: nacimiento de Napoleón Bonaparte

1792-1797
Primera coalición

1793
Sitio de Tolón

1795
Oct.: insurrección monárquica en París

1796
Mar.: Napoleón se casa con Josefina

1796-1797
Campaña de Italia

1798-1799
Campaña de Egipto

1798-1802
Segunda coalición

1799
9 nov.: golpe de Estado del 18
de brumario del año VIII

1800
Napoleón es nombrado primer cónsul

1801
Napoleón instaura el Concordato

1802
Napoleón es nombrado cónsul vitalicio

1804
2 dic.: **Napoleón es coronado emperador**

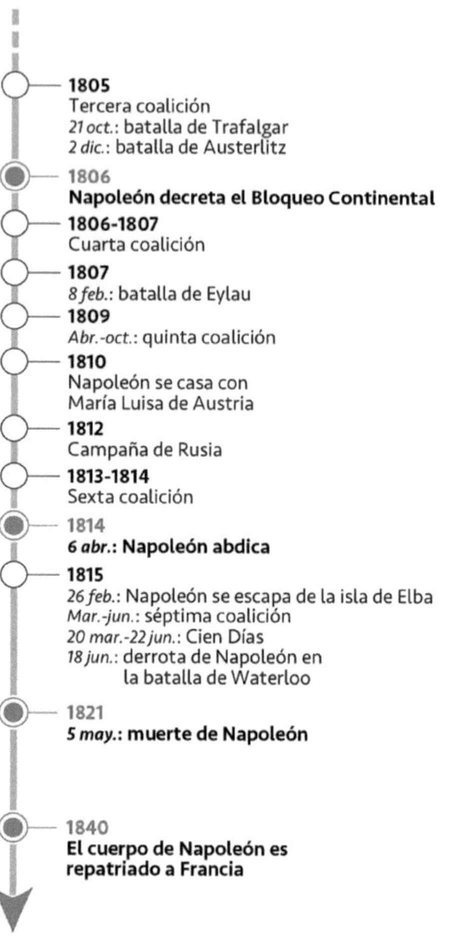

- Napoleón Bonaparte es nombrado general en 1795, nombrado primer cónsul en 1800, tras el golpe de Estado del

18 de brumario del año VIII, y coronado emperador el 2 de diciembre de 1804.

- Las grandes victorias de Napoleón son las de Lodi y de Arcole a lo largo de la primera campaña de Italia (1796-1797); de las Pirámides y de Aboukir durante la campaña de Egipto (1798-1799); de Marengo (1800) durante la segunda campaña de Italia (1800); de Ulm y de Austerlitz (1805) frente a los austríacos y a los rusos; de Jena, de Eylau y de Friedland (1807) contra los prusianos y los rusos; y de Wagram (1809) contra los austríacos.

- Las grandes derrotas son la de Trafalgar (1805) frente a los ingleses, y la de Waterloo (1815) frente a los coaliados, a las que se puede añadir la retirada de Rusia (1812). Antes de esto, la expedición de Egipto en 1798-1799 se salda con un fracaso militar, pero resulta un éxito científico.

- A partir de 1800, el objetivo fundamental de todas las campañas de Napoleón es ganar frente a los ingleses, lo que le conduce a establecer el Bloqueo Continental que, a su turno, le impulsa a querer controlar, ya sea mediante alianzas o anexiones, todas las fronteras marítimas de Europa.

- En el plano político, Napoleón busca reconciliar a los franceses avalando los logros morales y materiales de la Revolución francesa, por un lado, y favoreciendo las reparaciones respecto a sus víctimas, por el otro.

- Las «masas de granito» son la creación del cuerpo pre-fecticio, de la Banca de Francia, de los liceos, de la Orden de la Legión de Honor, del franco germinal y del Código Civil, que debemos a Napoleón.

- El Concordato, que reestablece las relaciones entre Francia y el papado, se firma el 15 de julio de 1801.

- Los atentados cometidos contra Napoleón, la amenaza de las coaliciones europeas y la voluntad de terminar con la Revolución conducen al Imperio y a su corolario, la herencia del título.
- Napoleón, que es un propagandista muy hábil, origina su propia leyenda, que elabora a lo largo de sus conquistas y sus grandes realizaciones, y que culmina con la publicación del *Memorial de Santa Elena*.

¡Tu opinión nos interesa!
¡Deja un comentario en la página web de tu librería en línea,
y comparte tus favoritos en las redes sociales!

PARA IR MÁS ALLÁ

FUENTES BIBLIOGRÁFICAS

- Bainville, Jacques. 1933. *Napoléon*. París: Plon.
- Benoist-Méchin, Jacques. 1978. *Bonaparte en Égypte ou le rêve inassouvi*. París: Perrin.
- Castelot, André. 1999. *Napoléon*. París: Perrin.
- Gueniffey, Patrice. 2013. *Bonaparte: 1769-1802*. París: Gallimard.
- Lentz, Thierry. 2004. *Napoléon*. París: Presses universitaires de France.
- Tulard, Jean. 1987. *Napoléon ou le mythe du sauveur*. París: Fayard.

FUENTES COMPLEMENTARIAS

- Chappet, Alain, Roger Martin y Alain Pigeard. 2005. *Le guide Napoléon. 4 000 lieux pour revivre l'épopée*. París: Tallandier.
- Chappey, Jean-Luc y Bernard Gainot. 2015. *Atlas de l'Empire napoléonien, 1799-1815*. París: Autrement.
- del Pozo, Raúl. 2014. "Napoleón en mi barrio". *El Mundo*. 8 de diciembre. Consultado el 30 de mayo de 2016. http://www.elmundo.es/opinion/2014/12/08/548604a-722601d82598b458a.html.
- Fondation Napoléon. Consultado el 30 de mayo de 2016. www.fondationnapoleon.org.
- La société napoléonienne internationale. Consultado el 30 de mayo de 2016. http://www.napoleonicsociety.com/.

- L'Iber, Museo de los Soldaditos de Plomo. Consultado el 30 de mayo de 2016. https://plus.google.com/111887272551827416483/posts/VNanqjFdMFB.
- National Geographic, "Napoleón en Egipto", 2012. Consultado el 30 de mayo de 2016. http://www.nationalgeographic.com.es/historia/grandes-reportajes/napoleon-en-egipto_6235.
- Perarnau, Martí. 2015. "Eres Napoleón". *El Periódico*. 19 de abril. Consultado el 27 de mayo de 2016. http://www.elperiodico.com/es/noticias/opinion/eres-napoleon-articulo-opinion-marti-perarnau-sobre-messi-4112553.
- Tulard, Jean. 1999. *Dictionnaire Napoléon*. París: Fayard.

FUENTES ICONOGRÁFICAS

- Grabado de Gabriel Berthault que representa el ataque de la Convención Nacional el 13 de vendimiario del año IV. La imagen reproducida está libre de derechos.
- *Napoleón I dejando la isla de Elba, el 26 de febrero de 1815*, cuadro de Joseph Beaume, 1836. La imagen reproducida está libre de derechos.
- *El general Bonaparte en el Consejo de los Quinientos, en Saint-Cloud, el 10 de noviembre de 1799*, pintura de François Bouchot, 1840. La imagen reproducida está libre de derechos.
- *La batalla de Lodi*, pintura de Louis-François, barón Lejeune, 1804. La imagen reproducida está libre de derechos.
- Pintura que representa la batalla de las Pirámides. La imagen reproducida está libre de derechos.
- *Bonaparte atravesando los Alpes por el Gran San*

Bernardo, pintura de Jacques-Louis David, 1801. La imagen reproducida está libre de derechos.

- *Tres de mayo*, cuadro de Francisco de Goya, 1814. La imagen reproducida está libre de derechos.
- *Napoleón en Fontainebleau, el 31 de marzo de 1814*, pintura de Paul Delaroche, 1840. La imagen reproducida está libre de derechos.

PELÍCULAS Y DOCUMENTALES

- *Napoléon*. Dirigida por Abel Gance, con Albert Dieudonné, Antonin Artaud y Gina Manès. Francia, 1927.
- *Napoléon*. Dirigida por Sacha Guitry, con Raymond Pellegrin, Danielle Darrieux y Michèle Morgan. Francia, Italia, 1955.
- *Guerra y paz*. Dirigida por Sergei Bondarchuk, con Lioudmila Savelieva, Viatcheslav Tikhonov y Viktor Stanitsyne. URSS: Goskinó y Mosfilm, 1967.
- *Adieu Napoléon*. Dirigida por Youssef Chahine, con Michel Piccoli y Patrice Chéreau. Egipto, Francia, 1985.
- *Napoléon*. Miniserie dirigida por Yves Simoneau, con Christian Clavier, Isabella Rossellini, Gérard Depardieu y John Malkovich. Francia y Canadá: A&E, 2002.
- *La Grande épopée de Napoléon*. Dirigido por David Grubin. Estados Unidos, 2011.
- *Comment devient-on Napoléon?*, en *Secrets d'histoire*, presentado por Stéphane Bern. Francia: France 2, 2015.

LITERATURA

- de Balzac, Honoré. 1844. *El Coronel Chabert*.

- Dumas, Alexandre. 1870. *El caballero Hector de Sainte-Hermine.*
- Stendhal. 1839. *La cartuja de Parma.*
- Tolstói, León. 1869. *Guerra y paz.*
- Viallet, Pierre. 2000. *Un rêve de Napoléon.* París.

MUSEOS

- El castillo de Malmaison, en Rueil-Malmaison, Francia.
- El castillo de Fontainebleau, en Fontainebleau, Francia.
- El castillo de Compiègne, en Compiègne, Francia.
- El museo del Louvre, en París, Francia.
- El museo del Ejército, en París, Francia.
- La casa Bonaparte, en Ajaccio, Francia.
- El museo Napoléon, en l'île d'Aix, Francia.

¡APRENDER
NUNCA ANTES FUE
TAN RÁPIDO!

www.en50minutos.es

ISBN ebook: 9782806278647

ISBN papel: 9782806281678

Depósito legal: D/2016/12603/223

Libro realizado por Primento, *el socio digital de los editores*